Estoicismo

Una guía sobre la sabiduría y la filosofía estoicas

Mark Roberts

Contenido

Introducción

"La principal tarea en la vida es simplemente ésta: Identificar y separar los asuntos para poder decirme claramente cuáles son los externos que no están bajo mi control, y cuáles tienen que ver con las elecciones que realmente controlo. ¿Dónde busco entonces el bien y el mal? No en lo externo incontrolable, sino en mi interior, en las elecciones que son mías".

- Epicteto

Los estoicos fueron un grupo sin emociones, ¿o quizás sí? La imagen que mucha gente tiene cuando piensa en esta filosofía es la de personas que soportan las dificultades con rostros inexpresivos y una paciencia infinita y sin emociones. Incluso las ocasiones felices no causarían exuberancia a un estoico si se cree en la imagen popular que se tiene de ellos.

Sin embargo, esa no es toda la verdad sobre la filosofía del estoicismo. Aunque la paciencia es ciertamente un principio virtuoso, era solo una de una lista completa de virtudes necesarias para ser un buen ser humano según la filosofía. *Ser* y *hacer* el bien es todo el objetivo de la vida.

Por supuesto, tampoco evitaban las emociones, sino que creían en el control de las mismas. Para los estoicos, las emociones son las únicas cosas que están bajo el control del ser humano y, como tales, deben guardarse y moldearse para que sean útiles como herramientas en el camino para convertirse en una persona virtuosa.

El estoicismo está siendo redescubierto en la sociedad moderna, y se puede encontrar un resurgimiento de esta filosofía en innumerables sitios web, blogs y grupos en línea. Hay algo que decir sobre las cuestiones morales y éticas a las que nos enfrentamos hoy en día, para cualquiera que esté dispuesto a escuchar.

Si se busca en Google sobre el estoicismo moderno se obtienen casi dos millones de resultados. Hay quien especula que la razón de la nueva popularidad radica en que el estoicismo se ocupa de la realidad, no de la fantasía o el idealismo. Quiere enseñar a los creyentes a aceptar los retos y salir adelante, en lugar de retirarse a refugios físicos o mentales.

En una época en la que un número cada vez mayor de personas vive hasta una edad avanzada, los problemas de salud son una preocupación real. El dolor crónico aflige a personas cada vez más jóvenes, con enfermedades como la artritis, el cáncer y la diabetes en aumento. El estoicismo aborda los problemas del dolor y el malestar físico de forma directa.

Académicos y psicoterapeutas fundaron un movimiento llamado Estoicismo Moderno en 2012, en el Reino Unido. Ofrecen eventos como conferencias anuales, formación y un blog sobre la aplicación de los principios estoicos a la vida moderna.

La asociación internacional Stoic Fellowship calcula que en siete continentes hay seguidores del estilo de vida estoico.

Cada mes de octubre, reúnen a personas de todo el mundo en lo que llaman la Semana Estoica. Durante este tiempo, la gente discute sus experiencias prácticas con la filosofía. Los datos recogidos durante la semana se utilizan en la investigación para elaborar sus cursos de formación sobre mindfulness y resiliencia estoica.

En la era digital, la difusión de información es más fácil que nunca, y el estoicismo se está beneficiando de ello. Además de la disponibilidad de información, muchas estructuras sociales han cambiado o se han derrumbado totalmente. Las sociedades tienen nuevos estilos de vida y patrones de pensamiento. Instituciones como las iglesias, que eran anclas emocionales y cognitivas en la vida de los individuos, se han erosionado e incluso han desaparecido en algunos casos. Numerosas unidades familiares ya no pueden cumplir sus funciones y la prevalencia del divorcio destroza la estabilidad que las generaciones anteriores daban por sentada.

La población moderna suele quejarse de que se siente perdida y sin una brújula moral que la guíe. El estoicismo ha intervenido para proporcionar una base y una orientación ética muy necesarias.

Algunos aspectos del estoicismo encajan perfectamente con el resurgimiento de los movimientos de autoayuda y el renovado interés por el espiritualismo.

La filosofía dirige la mirada hacia el interior para centrarse en las condiciones y respuestas que pueden controlarse, en lugar de fijarse en los acontecimientos externos que no están dentro de la esfera del control humano.

Es más accesible que algunos de los sistemas de creencias orientales, porque no se necesita una formación especial ni retiros aislados para practicar el estoicismo. La adquisición de conocimientos básicos no cuesta mucho dinero y puede aplicarse inmediatamente.

Se pueden ver aspectos del estoicismo en la terapia cognitiva conductual, que es una aplicación práctica de la psicoterapia que muchas personas encuentran útil. Esta terapia neutraliza la mentalidad de víctima que algunas personas siguen como el camino de menor resistencia, y aboga por asumir la responsabilidad de la propia vida y las decisiones. Una infancia difícil, las malas circunstancias y la discriminación política se dejan a un lado en favor de la defensa moral y la toma de decisiones correctas.

Hay mucho que decir sobre la forma de pensar estoica en nuestra apresurada era digital. Sigue leyendo y disfruta descubriendo la relevancia de la sabiduría antigua.

Capítulo 1: Breve definición del estoicismo

El estoicismo es una escuela de pensamiento filosófico con un marco claro de principios éticos.

La lógica y el razonamiento son los medios a través de los cuales los estoicos llegan a sus creencias éticas.

Derivan su lógica de la naturaleza y del mundo natural.

La felicidad se encuentra en una vida virtuosa, haciendo el bien a los demás y a la comunidad en general, y permaneciendo en el momento presente.

El estoicismo considera a todos los humanos como iguales y al Cosmos como parte de un ser divino que dicta las leyes naturales según las cuales los humanos deben vivir.

La moderación en todas las cosas es un punto clave.

En el siglo XIX, el estoicismo floreció hasta aproximadamente el año 3 de la era cristiana, cuando el cristianismo, adoptado como religión estatal, provocó su declive. Tuvo un renacimiento en el Renacimiento, y de nuevo está experimentando un resurgimiento en nuestra sociedad moderna.

Capítulo 2: Una breve historia

El estoicismo se originó en Grecia hacia el año 300 a.C. Fue fundado por Zenón de Citio (335-263 a.C.). Su filosofía tuvo una gran influencia en el pensamiento ético helenístico y romano durante su vida.

Los principios del estoicismo trataban de dar sentido a los sucesos cotidianos y proporcionar directrices sobre la mejor manera de vivir la vida. Se preocupaban mucho por la ética, la ciencia y la aplicación eficaz de la lógica.

Sus comienzos

Zenón nació en Citio, lo que hoy se conoce como Chipre. Después de terminar sus estudios, se convirtió en comerciante. Entre otras cosas, comerciaba con el raro -y muy caro- tinte púrpura que los griegos obtenían de los caracoles de mar. Se hizo muy rico con este comercio porque el tinte se consideraba un símbolo de lujo. Lo buscaban los ricos y la realeza.

En un viaje comercial, alrededor del año 312 a.C., naufragó y quedó varado en Atenas. De acuerdo con las historias centenarias, Zenón viajó al Oráculo de Delfos para pedir consejo. Allí le dijeron que no se tiñera con los colores del mar, sino con los de los hombres muertos. Lo interpretó como una señal de que debía sumergirse en las enseñanzas de los antiguos sabios y filósofos.

Se familiarizó con las obras de algunos de los principales filósofos, especialmente Sócrates (470-399 a.C.). Acabó estudiando con el filósofo cínico Crates de Tebas (365-285 a.C.) durante algunas décadas, aprendiendo los valores de vivir virtuosamente y en armonía con la naturaleza.

Además, asistió a la famosa Academia, que fue la primera universidad del mundo. La Academia Platónica, o simplemente La Academia, fue fundada por el filósofo Platón (c. 428-c. 347 a.C.) en el año 387 a.C. Platón heredó un terreno en las afueras de Atenas y comenzó a celebrar debates regulares con amigos y colegas sobre filosofía y asuntos del momento. A lo largo del tiempo, se convirtió en una reunión más estructurada. La Academia se mantuvo hasta su destrucción en el año 86 a.C.

Finalmente, Zenón se sintió preparado para fundar su propia escuela de filosofía, y eligió como aula un famoso lugar de Atenas llamado la Columnata Pintada, o Pórtico Pintado. En griego, el Porche Pintado se llama *Stoa Poikilê*, y esto se refleja en el nombre del sistema de pensamiento de Zenón, el estoicismo.

El Pórtico Pintado se extendía a lo largo del lado norte del Ágora ateniense, o, antiguo mercado. Las columnas dóricas en el exterior y las jónicas en el interior, cubrían el pórtico. Las paredes estaban revestidas con paneles de pinturas de los más famosos artistas griegos clásicos, que representaban los triunfos bélicos atenienses.

Zenón enseñaba a sus seguidores que el universo estaba gobernado por la razón divina, y que la única forma de ser feliz era ajustarse a ese razonamiento.

Desgraciadamente, no se han conservado muchos de los primeros escritos del movimiento, pero sabemos que Zenón fue sucedido por Cleanthes (c. 330-c. 230 a.C.) como jefe de la escuela tras la muerte de éste, al que siguió Crisipo (279-206 a.C.). Estos tres son considerados los estoicos originales.

La vida en Grecia cambió irremediablemente tras la muerte de Aristóteles (384-322 a.C.) y Alejandro Magno (356-323 a.C.). Atenas dejó de ser el centro del mundo civilizado y otras ciudades como Roma, Pérgamo y Alejandría adquirieron mayor protagonismo.

La política anterior de virtud, orden y una estrecha relación entre los valores cósmicos y los cívicos fue sustituida por la incertidumbre y los valores morales que tenían poca convicción.

En este mar tempestuoso de circunstancias y patrones de pensamiento cambiantes, los estoicos trataron de restablecer el equilibrio. Volvieron a poner el énfasis en vivir de forma sencilla y cercana a la naturaleza mediante la aplicación de la razón para encontrar la felicidad, al tiempo que se alejaban de utilizar la lógica como un fin vacío en sí mismo.

Sócrates, Platón y Aristóteles

Aunque han sobrevivido muy pocos escritos estoicos, sabemos que los famosos filósofos Sócrates, Platón y Aristóteles influyeron en el desarrollo del estoicismo. El concepto estoico de la sabiduría fue el tercer gran sistema clásico que se desarrolló.

Se sabe poco sobre la vida de Sócrates en Atenas, y la información que tenemos proviene de los textos de otros filósofos. La mayor contribución académica de Sócrates fue lo que se conoce como el método socrático, que consistía en enseñar a sus alumnos mediante preguntas y respuestas. A medida que avanzaba la discusión, se desarrollaba y profundizaba la comprensión del concepto por parte del alumno. El método se basa en la creencia de Sócrates de que todas las respuestas son alcanzables mediante la razón y la deducción lógica. Los estudiantes descubrían gradualmente las contradicciones de sus argumentos y trabajaban para llegar a conclusiones sólidas.

Platón fue alumno de Sócrates. Su teoría de las formas, con la que intentaba conciliar la naturaleza cambiante del mundo con su carácter permanente, puede verse en los conceptos estoicos de ley natural y física. Según la teoría de las formas, existe una diferencia entre el mundo cambiante que experimentamos con nuestros sentidos y el mundo "real" que hay detrás y que no cambia. El mundo inmutable "visto" con la mente consiste en formas que señalan el camino de lo que percibimos cada día.

Aristóteles estudió en la Academia de Platón en Atenas desde los dieciocho años. Su teoría de los universales influyó en muchos filósofos, incluido Zenón. Se centró en las propiedades de las cosas, cualidades inherentes a su ser. Utilizó la palabra "universal" para designar las características que tienen en común determinadas cosas. Para Aristóteles, no hay división entre los universales y las cosas, como sí la había para Platón. Según Aristóteles, las propiedades solo pueden existir si están ligadas a algo. Utilizó la lógica para identificar los universales y describir todos los aspectos de las cosas y sus propiedades. Este sistema de razonamiento lógico fue empleado y perfeccionado por los estoicos.

Desarrollos después de Zenón

Durante el periodo comprendido entre el siglo II y principios del I a.C., reinó el estoicismo medio. Los fundadores de la Estoa Media, el filósofo Panaecio (c. 180-109 a.C.) y su discípulo Posidonio (c. 135-51 a.C.), vincularon las doctrinas estoicas a cuestiones morales como el deber y la obligación, así como al estudio de la naturaleza. Esto atrajo a los romanos de los dos primeros siglos de la era cristiana, que tenían una visión muy práctica de la vida, por lo que la filosofía se hizo muy popular en Roma. De hecho, algunas de las figuras romanas más destacadas eran conocidas por ser seguidores de esta escuela de pensamiento.

Entre los filósofos estoicos romanos más conocidos se encontraban maestros como Epicteto (55-c. 135 d.C.), o políticos como el estadista Lucio Séneca (4 a.C.-65 d.C.) y el emperador romano Marco Aurelio (121-180 d.C.). El enfoque básico del movimiento se volvió más práctico que teórico. Conceptos como su visión del matrimonio y de la vida familiar evolucionaron durante esta época para volverse más positivos.

Se cree que los estoicos intentaron durante este periodo reconciliar su movimiento con las ideas que consideraban correctas de otras filosofías.

El énfasis en la aplicación práctica de la filosofía se mantuvo en la última etapa del movimiento. A través de los escritos de personas como Marco Aurelio -que hoy se asocia sobre todo con su obra fundamental, Meditaciones- quedó claro que las enseñanzas estoicas eran tan populares como el cristianismo. Su filosofía era mucho más que un simple pensamiento; era una *forma de ser*. Creían que conocer el verdadero valor de la naturaleza y el universo conducía a la transformación, lo que era en cierto modo similar a las enseñanzas cristianas de la época.

El estoicismo siguió siendo popular hasta bien entrada la Edad Media. El filósofo Boecio (m. 324/325 d.C.), escribió sobre la esencia del bien y del mal, la libertad y el azar. Intentó conciliar el libre albedrío de los seres humanos con la presciencia divina, y sus escritos glorificaban la razón como medio para escapar de las dificultades de la vida.

Otros pensadores de la Edad Media, como Lactancio (240-320 d.C.), lucharon con la justa ira de Dios contra los transgresores y las recompensas prometidas a los fieles, frente al concepto estoico de permanecer imperturbable ante cualquier emoción.

Defendían la igualdad de todas las personas y la necesidad de vivir según lo que llamaban las leyes naturales. Esto ejerció una gran influencia en los sistemas políticos de la época, así como en los que seguirían durante el Renacimiento.

El periodo que va desde finales del siglo XVI hasta principios del siglo XVIII se conoce como neoestoicismo. El filósofo más destacado fue Justus Lipsius (1547-1606), que intentó crear una combinación de doctrinas estoicas y cristianas. Fue una época en la que se produjeron muchas agitaciones y guerras religiosas, y Lipsio trató de proporcionar un marco que ayudara a la gente corriente a dar sentido a las dificultades a las que se enfrentaban.

El estoicismo decayó cuando el cristianismo se convirtió en la doctrina dominante, pero algunos aspectos de su filosofía permanecieron en la cultura occidental, experimentando un renacimiento a finales del siglo XX.

Las aplicaciones modernas de la filosofía estoica se tratarán en un capítulo posterior.

La influencia del cristianismo

No es de extrañar que algunos conceptos del estoicismo parezcan tener eco en las doctrinas cristianas. El estoicismo prosperó activamente durante los siglos en los que se desarrollaban las doctrinas cristianas. Entre estos conceptos se encuentran la visión inmaterial del alma, el juicio, la conciencia, la importancia de las leyes naturales, el valor de la vida humana y el autocontrol.

Hay incluso afirmaciones sobre una correspondencia entre el apóstol Pablo (c. 4 a.C.-64 d.C.) y Séneca, aunque ahora se acepta ampliamente que las ocho cartas son falsas debido a muchas inconsistencias. Sin embargo, es cierto que Pablo conocía muy bien las enseñanzas estoicas y algunas de ellas probablemente influyeron en sus escritos.

Capítulo 3: Aspectos clave

"La sala de conferencias del filósofo es un hospital: No debes salir de ella en un estado de placer, sino de dolor, ¡pues no estás en buenas condiciones cuando llegas!"

- Epicteto

La filosofía estoica inventó las tres partes canónicas de la filosofía. Éstas son la ética, la física y la lógica. Según los primeros estoicos, la ética era la única razón que valía la pena para estudiar filosofía, y los principios éticos se apoyaban en la física y la lógica. Estas áreas se exploran mediante la práctica de las virtudes primarias.

Las virtudes son la sabiduría práctica (*sofía*), la justicia (*dikaiosune*), el valor (*andreia*) y la moderación (*sophrosyne*). Algunos estoicos creían que las cuatro eran interdependientes con la sabiduría como elemento subyacente y de conexión, en tanto que otros situaban la sabiduría sola en la cima con las otras tres como subdivisiones.

Además de las virtudes principales, también hay una lista de rasgos secundarios deseables:

- Bajo la virtud principal de la sabiduría práctica: El buen juicio, la capacidad de hacer una buena evaluación práctica, un sentido moral rápido, la discreción, la astucia y el ingenio
- Bajo la virtud primaria de la moderación: El sentido del orden, la corrección, el sentido del honor y el autocontrol.
- Bajo la virtud primaria del coraje: La confianza, la perseverancia, la fortaleza mental, la magnanimidad y el

sentido de la comprensión de lo que hay que hacer, independientemente de las circunstancias
- Bajo la virtud primaria de la justicia: Sociabilidad, amabilidad, piedad y buen compañerismo

A los estoicos les gustaban las listas ordenadas y fáciles de memorizar, por lo que, además de estos dos esquemas, también se referían a un triple conjunto de reglas para vivir la vida. Epicteto las enumeró como la Disciplina de la Ascensión, la Disciplina de la Acción y la Disciplina del Deseo y la Aversión.

Para los estoicos, los seres humanos están naturalmente inclinados a desarrollar comportamientos moralmente correctos. Mediante la aplicación de la razón, estos comportamientos se modifican a lo largo de la vida del adulto. No distinguen entre los aspectos racionales y emocionales, sino que los consideran integrados para formar una personalidad equilibrada y completa.

Ética

Los conceptos de autocontrol, deber y unidad son fundamentales para la ética estoica. Su interpretación de estas doctrinas les llevó a enfrentarse con los epicúreos, los escépticos y los cristianos.

- Los seguidores del filósofo Epicuro (341-270 a.C.) creían que lo mejor que puede hacer un ser humano es perseguir el placer para liberarse del dolor y el miedo, y conducir al equilibrio emocional y la tranquilidad. Difiere del hedonismo en que el placer no se defendía sin límites. Según Epicuro, la amistad, el conocimiento y la vida virtuosa debían moderar el placer. Para los epicúreos, la moderación incluía mantenerse alejado de la política y de los asuntos mundiales.

- Los escépticos, liderados por Pirro (c. 360-270 a.C.), sostenían que ninguna virtud o sinceridad puede motivar el comportamiento humano. El único factor que podía influir en las elecciones de las personas era el interés propio, rechazando el pensamiento y el razonamiento racionales como medios para una vida buena.
- El cristianismo enseñaba que nada más que Dios y su Hijo, Jesús, podía ocupar el centro de la vida de uno. Según ellos, la sabiduría solo podía ser dada por Dios, y ningún ser humano era capaz de discernir la verdad sobre el mundo o de vivir una vida justa a través de sus propios esfuerzos mentales.

Los estoicos identifican los instintos de autoconservación y autoconocimiento como los principales impulsos que motivan el comportamiento humano. Creen que éstos son impartidos por la naturaleza y que toda criatura recién nacida está equipada con ellos.

Según los estoicos, todas las criaturas parten de la misma base, pero solo los humanos desarrollan el pensamiento racional y aprenden conceptos como la virtud y el deber a medida que maduran. Esto les lleva a tomar conciencia de otras personas, como la familia, la comunidad y, finalmente, toda la humanidad.

Esta conciencia da forma a la interacción del ser humano con la naturaleza y el objetivo debe ser cumplir los roles requeridos en estos grupos en armonía con las leyes de la naturaleza. Eso llevará a lo que se conoce como florecimiento humano (*eudaimonia*).

Las doctrinas estoicas no conceden valor emocional a ningún concepto, excepto a la virtud y al vicio. Todo lo que no sea esto es descrito como "indiferente" por los escritores estoicos. La presencia de cualquier indiferente es irrelevante para alcanzar el estado de *eudaimonia*, pero algunos indiferentes son más deseables que otros. Cada indiferente que se cruza en el camino de la vida de una persona es un peldaño para hacer la siguiente elección en el camino hacia la vida armónica o lo contrario.

Se puede atribuir el sufrimiento y la infelicidad a las malas elecciones, también conocidas como pasiones. Se trata de decisiones tomadas con malos juicios que crean un conflicto con la forma natural en que fueron diseñadas las cosas. Tales decisiones causan angustia y ansiedad, y el conflicto solo puede resolverse empleando la razón para cambiar el curso de la vida de la persona.

En cuanto a la ética del concepto, es importante señalar que los estoicos creen que los humanos no tienen poder para influir en el desarrollo de la historia con sus acciones. Ellos enseñan la preordenación del universo por una fuerza divina. La única elección que tienen y deben hacer los humanos es elegir sus respuestas a los acontecimientos. Las elecciones realizadas determinan el curso de nuestras vidas.

Física

La segunda pata sobre la que descansa la consecución de la *eudaimonia* es la física. Viene de la palabra griega *fusis* y no significa lo mismo que la interpretación moderna de la palabra.

Para un estoico, la física es la creencia de que todo lo que ha existido, y todo lo que existirá, lo hace como Uno en un Fuego Divino. Este Uno, el Cosmos y todo lo que hay en él, posee una naturaleza dualista de ser activo y pasivo a la vez. Todo lo que existe puede actuar *y* ser actuado. Nada sin cuerpo existe en este mundo.

La fuerza activa del Cosmos se llama razón (*logos*) y se describe como un fuego que genera los cuatro elementos básicos de los que se compone el universo: fuego, aire, tierra y agua. El fuego y el aire se consideran componentes activos que forman el aliento de vida (*pneuma*), mientras que la tierra y el agua son más pasivos. Ambos elementos interactúan entre sí y ocupan el mismo espacio al mismo tiempo, son uno y el mismo, pero nunca se convierten en uno.

El concepto de *pneuma* es central en la teoría estoica sobre la física y es la fuerza vinculante primaria de toda la materia existente. Todos los objetos y conceptos del universo se clasifican según el grado y el tipo de actividad del *pneuma* que tienen.

En el nivel básico está la cohesión (*hexis*), que denota el estado de ser que se encuentra en los objetos inanimados que simplemente se mantienen unidos por su pneuma, sin ninguna actividad. Los objetos que crecen y se reproducen sin ninguna capacidad cognitiva, como las plantas, tienen *hexis*, así como crecimiento (*fusis*), junto con su *pneuma*. Los animales que tienen actividad cognitiva, así como instintos, poseen tanto *hexis* como *fusis*, así como alma (*psique*).

Los humanos están en la cima de la cadena porque tienen *logos* y *psique*. Poseemos la capacidad de razonar y estamos en posesión de un alma. Se creía que el alma sobrevive a la muerte física, pero acaba pereciendo en la conflagración del mundo.

Cualidades como la justicia y la virtud se consideran dones del *pneuma*.

En cuanto al Cosmos, los primeros estoicos creían que todo pasaba por un patrón cíclico eterno de creación, florecimiento, declive y una conflagración final.

Lógica

El concepto de lógica era sencillo en el primer pensamiento estoico. Todo partía de una afirmación básica que era verdadera o falsa. Mediante el conocimiento adquirido sobre la vida armoniosa y la aplicación de la razón, la afirmación debía ser examinada y aceptada o rechazada.

La lógica estoica puede dividirse en dos partes, los enunciados y los asertos.

- Los asertivos son enunciados que pueden ser verdaderos o falsos y no tienen una estructura específica en sí mismos.
- Los asertivos son enunciados que son completos en sí mismos porque tienen estructura y son verdaderos.

En el estoicismo, la capacidad de utilizar la lógica con eficacia marca la diferencia entre ser sabio y ser tonto. Permite al oyente discernir cuándo las afirmaciones son meras especulaciones o hacer más claras las afirmaciones ambiguas.

Un historiador llamado Diógenes Laercio (c. 200-250 EC) dividió la lógica estoica en cuatro partes:

Honestidad

Lo lógico es mantener la mente abierta sobre cualquier cosa hasta que se sepa la verdad con certeza, porque se puede estar equivocado en las suposiciones. La verdad se establecerá una vez que se mida una afirmación con la razón correcta.

Conocimiento

El conocimiento es tener una posición que ningún argumento puede hacer tambalear. Si tienes algún punto de vista válido que tenga que ser desplazado o negado si se acepta la nueva afirmación, ésta podría no ser la verdad.

Desconfianza

La cautela te pide que examines las presunciones que se tienen sobre la declaración propuesta. ¿Hay consideraciones generales que deban tenerse en cuenta a la hora de sopesar la veracidad de la misma?

Asentimiento adecuado

El asentimiento adecuado consiste en considerar cualquier verdad circundante antes de declarar una nueva afirmación como verdadera. ¿Hay otros hechos probados que deban tenerse en cuenta?

Las cuatro virtudes principales

Los orígenes de las cuatro virtudes cardinales de la sabiduría, la justicia, el valor y la moderación se remontan a Sócrates. Se representaban visualmente en un tetramorfo de cuatro animales.

Un hombre simbolizaba la sabiduría, un águila la justicia, el coraje el león y la moderación el toro.

Diógenes describió las cuatro virtudes como los únicos elementos necesarios para una vida honorable. Pensaba que una vida vivida con sabiduría, justicia, valentía y moderación permitiría a la persona vivir con todo su potencial. Solo eso, decía Diógenes, es digno de ser llamado bueno.

En el centro del concepto estoico de sabiduría se encuentra su deseo de poder distinguir entre los acontecimientos que pueden controlar y los que están fuera de su control. El famoso escritor y erudito romano Cicerón (106-43 a.C.) decía que el hombre que tiene virtud no necesita nada más. Una vida virtuosa cumplirá todos los deseos que un hombre pueda tener, ya sea la fama, la fortuna o encontrar el sentido de la vida, porque aporta sabiduría.

Ser lo suficientemente sabio como para saber lo que hay que hacer sigue requiriendo valor para hacerlo. A veces, para los antiguos estoicos, significaba literalmente enfrentarse a la muerte. Por ejemplo, el senador romano Publio Clodio Thrasea Paetus fue asesinado en el año 66 por su oposición al gobierno tiránico del emperador Nerón (37-68).

La justicia es la motivación subyacente para ser sabio y valiente. El emperador romano Marco Aurelio, que reinó de 161 a 180 d.C., consideraba que la justicia era la fuente de las otras tres virtudes.

Lo mismo decía Cicerón con su conocida expresión *summum bonum* (por el bien supremo). Para los estoicos, la justicia debía entenderse en un sentido mucho más amplio que el que utilizamos hoy en día. Para ellos, significaba actuar con honor hacia el prójimo y no hacer daño.

La base de la justicia es su concepto de *sympatheia*, que significa la unidad de todo lo que existe. Aurelio afirmaba que todo lo que perjudica a la colmena, perjudica también a la abeja. Se cita a Epicteto diciendo: "Buscar lo mejor de nosotros mismos significa preocuparse activamente por el bienestar de los demás seres humanos".

Esto conduce inmediatamente a la virtud de la moderación o el autocontrol. Aristóteles la denominó el "justo medio", que se sitúa entre el exceso y la carencia. Los estoicos creen que tener lo justo para satisfacer lo esencial es el secreto de la satisfacción.

La moderación y el autocontrol se extienden también a las emociones y las experiencias, advirtiendo contra los extremos o la confianza en fuentes de dolor o placer que desaparecen rápidamente.

Las tres disciplinas

Teniendo en cuenta el objetivo principal del estoicismo, que es vivir en equilibrio y armonía con la naturaleza, las tres disciplinas tratan de hacer exactamente eso desde diferentes perspectivas.

La disciplina del asentimiento

El asentimiento (*synkatathesis*) consiste en vivir una vida virtuosa según la propia voz interior de la razón y la libertad. Comprende palabras y acciones verdaderas que se derivan de la conciencia de la propia naturaleza.

Esta conciencia te permitirá apartarte de cualquier pasión o vicio antes de asentir o estar de acuerdo con ellos.

Esta disciplina también se conoce a veces como mindfulness estoico, pero no debe confundirse con la práctica budista del mindfulness. En términos estoicos, significa prestar atención (*prosochê*) a la facultad de razonamiento de la mente para lograr una vida armoniosa.

La disciplina del deseo

Esto también se llama Aceptación Estoica y es probablemente lo más cercano a lo que generalmente se llama una visión estoica de la vida.

Significa resistirse a cualquier deseo malsano e irracional (*orexis*) que hubiera hecho imposible una vida en armonía con la naturaleza, siguiendo los principios de la física.

No obstante, esto puede ser engañoso porque podría pintar una imagen de los estoicos como si no tuvieran columna vertebral. Eso está lejos de la verdad y hay ejemplos a lo largo de la historia de estoicos que han aceptado su destino con mucho valor y determinación.

La disciplina de la acción

Esto puede verse como la virtud de vivir con otros seres humanos de tal manera que todos alcancen la *eudaimonia*. El término griego utilizado para la acción, *hormê*, significa en realidad el impulso que inicia una acción.

Si la disciplina de la acción se considera una extensión de la ética estoica, entonces desear a cada ser humano una vida floreciente es el impulso que impulsa las acciones virtuosas.

También aceptaron que el resultado final de sus deseos no está bajo su control, por lo que añadieron la reserva "si Dios quiere". Con ello, los estoicos combinaban su exhortación a la acción rigurosa y valiente con una aceptación filosófica del Fuego Divino que creó el Cosmos.

Marco Aurelio escribió que los estoicos debían recordar siempre esta reserva, y actuar por el bienestar de toda la humanidad, para añadir valor. Esta disciplina también se llama la Filantropía Estoica.

Capítulo 4: Aplicación del estoicismo

"Entre el estímulo y la respuesta hay un espacio. En ese espacio está nuestro poder de elegir nuestra respuesta".

- Viktor Frankl

Aunque el estoicismo se desarrolló en un mundo que parecía completamente diferente a nuestra realidad actual, engloba principios intemporales que son válidos en cualquier sociedad.

Esta antigua filosofía ha experimentado un gran renacimiento en los últimos años, y muchos políticos, autores, actores y empresarios conocidos han expresado la importancia que tiene el estoicismo en sus vidas.

Los principios estoicos se combinan bien con la psicología moderna y, como tal, han encontrado muchos usos prácticos.

Identifica las cosas que puedes controlar

Una piedra angular de la filosofía estoica es la noción de que es esencial distinguir entre los acontecimientos que están bajo nuestro control y los que no lo están.

No podemos dirigir y cambiar los acontecimientos que ocurren fuera de nosotros. El estoicismo enseña que solo las emociones, y las intenciones subyacentes a la acción, están totalmente dentro de nuestra esfera de control.

No hay que confundir esto con la pasividad o la sumisión. Tomemos el ejemplo de un viaje de negocios que se estropea porque el avión se retrasa. En las etapas de planificación del viaje, un ejecutivo de negocios no fue pasivo en absoluto. Se hicieron planes cuidadosos, se elaboraron itinerarios y se ultimaron los horarios de llegada.

El ejecutivo llega al aeropuerto a tiempo solo para descubrir que el avión llegará con dos horas de retraso debido a una gran e inesperada tormenta. Todos los planes diligentemente trazados se quedan en nada y hay que hacer ajustes apresurados.

Ningún grito al personal del aeropuerto ni ninguna llamada telefónica a la dirección de la compañía aérea cambiará la situación. Lo único que el ejecutivo puede controlar son sus respuestas al desafío. Las emociones, las palabras y las acciones personales, como hacer nuevos planes con calma, son las únicas cosas que el ejecutivo puede controlar.

Un ejercicio práctico

El poder del diario cobra sentido cuando se trata de trabajar la dicotomía inherente al control. Llevar un diario puede ser útil para cualquier persona de cualquier edad que quiera hacer un buen balance de su día y reflexionar sobre cómo hacerlo de forma diferente mañana.

Epicteto indicaba a sus alumnos que escribieran la filosofía todos los días porque la escritura es el corazón de la filosofía. Se consideraba un ejercicio práctico para afianzarse en las enseñanzas estoicas.

Séneca le dijo a un amigo que le gustaba escribir su diario por la noche, después de que la casa estuviera en silencio y todos los demás se hubieran ido a dormir. Después de examinar todo el día con una honestidad brutal, se iba a la cama y disfrutaba de un sueño reparador y tranquilo.

Los griegos tenían la tradición de tomar notas para sí mismos sobre cualquier cosa que leyeran o escucharan. Lo hacían para captar frases o conceptos que eran importantes para ellos, para reflexionar sobre ellos más tarde y memorizarlos.

Llevar un diario para reflexionar, en lugar de memorizar, era un paso lógico para los estoicos. Refinaron el arte de la escritura personal para reflejar el día que había pasado y proporcionar un espacio de preparación mental para el día siguiente.

Se recomienda releer las entradas del diario periódicamente. La comprensión de la forma de pensar y vivir de los estoicos no siempre se produce en una epifanía repentina. Para la mayoría de las personas, las experiencias y las pequeñas percepciones se acumulan como bloques. La revisión de las entradas anteriores del diario pone de relieve los bloques para que, finalmente, pueda surgir una claridad fuerte y hermosa.

Al prepararte para el día que tienes por delante, puede ser útil utilizar una forma de previsión, así como la meditación. En un capítulo posterior, encontrarás algunos ejemplos de meditaciones para empezar.

La visualización puede formar parte de tu escritura. Se reduce a escribir la historia de tu día, tal y como te gustaría que se desarrollara. También puedes ver cómo se desarrollan las escenas en tu mente, como una película. Experimenta los sentimientos que acompañan a los acontecimientos que imaginas. Huele los olores y escucha los sonidos. Haz que la imagen sea real en tu mente.

Antes de terminar el día, vuelve a ver la película mental y comprueba qué parte de lo que has imaginado esa mañana se ha hecho realidad. Reflexiona sobre dónde y cómo podrías haber respondido a algo de manera diferente, más de acuerdo con los principios estoicos. Tal vez intentaste cambiar un acontecimiento que estaba fuera de tu control.

Practica el diario unos días a la semana. Recuerda que el estoicismo es una filosofía de acciones, no solo de pensamientos.

Tú creas tus propias emociones

En uno de los pasajes de Meditaciones de Marco Aurelio, éste habla de que es imposible escapar de la ansiedad. Más bien, dice, deberíamos decir que descartamos la ansiedad porque está dentro de nosotros y no es una fuerza externa.

Las emociones son nuestras respuestas a los acontecimientos que nos suceden y que nos rodean. Se forman a partir de nuestras percepciones de lo que es el mundo real.

Algo que surge dentro de nosotros puede ser cambiado por nosotros. Cambia tu percepción y tu mundo cambia. Las cosas en las que crees adquieren poder sobre ti a partir de esa creencia. Seguir los principios estoicos significa recordarte constantemente el poder que tienes sobre tus emociones. Este estado mental pacífico, poderoso e imperturbable se llamaba *apatheia* en la antigüedad.

Las emociones son una de las únicas cosas que podemos controlar, y una de las únicas cosas que deberíamos preocuparnos por controlar. Los acontecimientos externos están más allá de nuestra gestión y no deberían causarnos noches de insomnio.

Algunos pasos prácticos para dominar las emociones

Theodore Roosevelt (1858-1919) siempre recordaba a sus tropas la importancia de tener los nervios templados. Aunque se podría decir que es más fácil decirlo que hacerlo, los primeros astronautas estadounidenses de la década de 1960 fueron entrenados para no entrar en pánico.

El modus operandi de la NASA es en realidad bastante sencillo. Consiste en tener una *sensación* de control.

Los aspirantes a astronautas fueron sometidos repetidamente a todo lo que los científicos imaginaban que podrían tener que afrontar en el espacio. Se enfrentaron a escenarios de vida o muerte múltiples veces durante un día de entrenamiento.

Con el tiempo, se volvieron tan expertos en el manejo de cualquier posible problema, que sus ritmos cardíacos y su presión arterial se estabilizaron cuando se enfrentaron a una crisis potencial, en lugar de aumentar. Ello les permitía tener la cabeza despejada y tomar mejores decisiones. Les hizo confiar en su capacidad para controlar la situación.

Los samuráis también reconocen que la parte más importante de su entrenamiento no es la espada, sino aprender a mantener la cabeza fría. Esto lleva al siguiente paso práctico, que es la preparación emocional.

Suzuki Shosan (1579-1655), que fue uno de los más grandes samuráis de la historia, advertía a los estudiantes que tuvieran cuidado de no dejar que la mente se rindiera; es la propia mente la que confunde a la mente en primer lugar, según Shosan.

Conseguían la calma mediante un duro entrenamiento, imaginando lo peor y acabando con ello, y reanudando el entrenamiento para afrontar lo peor de frente. El estoicismo antiguo llamaba a esta técnica visualización negativa. El término latino por el que se conoce es *premeditatio malorum*.

Hoy en día, esta técnica se utiliza para entrenar a las fuerzas especiales de todo el mundo. También utilizan el tercer paso práctico, que es la respiración.

Tendemos a pensar en la respiración como algo automático, que no merece la pena tener en cuenta porque sucede por sí sola. No obstante, se ha demostrado que aprender a hacer lo que se conoce como respiración meditativa aporta claridad mental, aumenta la capacidad de atención y potencia la felicidad.

La respiración meditativa, o consciente, consiste en *centrarse* en la inhalación y la exhalación, excluyendo cualquier otra cosa. Toma conciencia del ritmo de tu respiración y experimenta cada una de ellas plenamente. Conviértela en un ancla emocional a la que volver en cualquier momento en que sientas que las emociones te van a desbordar.

¿Aprender a inhibir tus emociones significa que debes prescindir de la empatía con los demás? Para nada. La empatía es simplemente emociones controladas que conducen a actos de compasión. Todos los seres humanos son iguales y deben ser tratados igualmente bien.

Siempre hay opciones

Reconocer que tienes control sobre algunas cosas -pero no sobre todo- conlleva la atención plena. Hay que estar presente en el momento para evaluar si la situación actual y sus eventos asociados pueden cambiarse, o si solo puedes elegir tu respuesta a ella.

Sentirse frustrado por acontecimientos externos que no se pueden cambiar genera infelicidad y otras emociones negativas. Experimentar un bombardeo constante de emociones negativas no solo es perjudicial para la salud mental, sino que también puede dañar la salud física.

Opciones en la práctica

En términos prácticos, abrazar los principios filosóficos estoicos le permitirá aprovechar su poder interior. Será lo contrario de la mentalidad de víctima, en la que las personas se ven tan abrumadas por las circunstancias que caen en la pasividad.

La primera pregunta que debes hacerte es si la situación sobre la que tienes que decidir está realmente bajo tu control. Si la respuesta es sí, completamente, tienes que discernir si hay alguna de las cuatro virtudes implicadas. ¿La decisión ofrece la oportunidad de practicar la sabiduría, el valor, la justicia o la moderación?

Si la situación no implica ninguna virtud, es una de las indiferentes. Recuerda que un indiferente es algo que no influye en ningún aspecto de la moral o el carácter, sino que sirve como peldaño en tu camino en el que puedes tener que hacer una elección.

A continuación, la última pregunta que hay que hacerse es si es preferible perseguir un indiferente sin causar conflicto con la virtud, o si hay que evitarlo. Evitarlo solo es una opción si al hacerlo no se produce un conflicto con ninguna de las virtudes.

En caso de que la respuesta a la primera pregunta sobre el control sea afirmativa, pero solo parcialmente, es necesario decidir si se debe intentar y si tal intento tiene una posibilidad razonable de éxito.

Vencer el miedo

Hemos visto que las emociones son una de las únicas cosas sobre las que realmente tenemos control, y el miedo es una emoción extremadamente fuerte.

¿Qué hace un estoico cuando el miedo se ha apoderado de él? Séneca escribió: "A menudo estamos más asustados que heridos; y sufrimos más por la imaginación que por la realidad".

Incluso los miedos imaginarios pueden, por desgracia, tener consecuencias a las que hay que hacer frente. Volviendo a la sección sobre la creación de tus propias emociones, tus pasos esenciales son la visualización, la planificación y la preparación para lo peor que puedas imaginar que ocurra con respecto a la situación que temes.

Poner en marcha tu plan

Siempre es útil anotar tus pensamientos. Tu diario puede ser tu cuaderno de notas. Tanto si decides escribir en un diario como si no, el concepto clave que debes entender es que tienes que ser sincero contigo mismo. No niegues a tus sentimientos su legitimidad. Los estoicos no evitan los sentimientos, los dominan.

Reconoce que la magnitud de tu miedo está fuera de control en ese momento. No te castigues por ello, sino que acéptalo tal y como es, y dite a ti mismo que es temporal.

A continuación, empieza a escribir las posibles soluciones que acabarían con el miedo. No te centres en las razones por las que una solución no va a funcionar: haz una lluvia de ideas contigo mismo sobre cualquier posibilidad sin juzgar su mérito.

A continuación, el siguiente paso práctico consiste en analizar objetivamente todas las posibilidades anotadas en el paso anterior. Intenta averiguar qué se necesita para que sea un plan viable. Escribe los pasos para su aplicación y, si se cumplen todas las condiciones, pon en marcha tu plan.

Centro de Principios y Carácter

Para un estoico practicante, las virtudes y la vida virtuosa son lo más importante en su vida. La riqueza, la posición o la fama pasarán y se olvidarán. Los principios y el carácter, en cambio, siempre serán recordados.

A Marco Aurelio le gustaba recordar que podía morir en cualquier momento, así que hay que vivir la vida como si fuera a ser el último día.

Durante una de las excavaciones arqueológicas en la antigua Roma, se descubrió una estatua de un hombre alto con una larga toga. El hombre tenía un porte regio y era obviamente un emperador. Solo había un problema: la estatua no tenía cabeza.

Al examinarla más de cerca, los científicos vieron que la estatua había sido diseñada para tener una cabeza desmontable. La única explicación era que se fabricaba una nueva cabeza cada vez que un nuevo emperador subía al trono. Los emperadores romanos eran muy importantes y poderosos, pero no lo suficientemente importantes como para tener una estatua entera dedicada a ellos.

Es una idea aleccionadora para cualquiera que piense que su posición actual en la vida será un legado perdurable.

Una reflexión práctica

Los antiguos estoicos tenían una práctica llamada *memento mori*. Significa recordar a los muertos. Puede parecer un pasatiempo sombrío y macabro, pero sus orígenes se remontan a Sócrates, quien dijo que la práctica adecuada de la filosofía es sobre la muerte y el morir.

A pesar de que pueda parecer duro y sombrío, reflexionar de vez en cuando sobre la muerte ayuda a mantener la perspectiva de los acontecimientos de la vida.

Promueve la humildad y renueva el apetito por vivir. También aporta un elemento de urgencia a nuestros planes y la voluntad de examinar nuestras motivaciones para esos planes con honestidad.

"No es mi circo, no son mis monos…"

Esta expresión humorística se ha convertido en la forma moderna de decir: "No tengo control sobre lo que haces, y me niego a estresarme por ello".

El estoicismo enseña el mismo principio. Las emociones y las respuestas son responsabilidad de cada persona, y tratar de asumir las emociones de otra persona, o unirse a ella para quejarse, no le hace ningún favor.

Observemos por un momento lo que está en el corazón de la queja. Se trata esencialmente de un cambio de culpa. Exime al quejoso de examinar su propia respuesta al comportamiento de la otra persona. Si crees que tu indignación está justificada, cres la víctima de otra persona, y a menudo la pasividad sigue a los pasos de ese sentimiento.

En cambio, la filosofía estoica enseña que las acciones y los sentimientos de la otra persona no son tu problema. Solo tu respuesta a ellos es tu problema.

Es necesario un cierto grado de desapego.

Poner esto en práctica

El conferenciante motivacional Will Bowen inició un reto de no quejarse en 2006, y desde entonces ha crecido hasta atraer a miles de seguidores.

Pidió a algunas personas de su comunidad que pasaran 21 días sin emitir una sola queja. La iniciativa se extendió como un reguero de pólvora y, desde entonces, más de 13 millones de personas han aceptado el reto.

Bowen afirma que una persona media tarda entre cuatro y ocho meses en completar los 21 días sin quejarse. Quejarse es un hábito difícil de romper, pero vale la pena hacerlo.

Marco Aurelio escribió en sus *Meditaciones* que los estoicos deben mirar hacia adentro, no hacia afuera. Quejarse y entrometerse en los asuntos de los demás desplaza la mirada de la mente hacia el exterior. Se dice que Confucio dijo de un hombre que se quejaba amargamente del comportamiento de otro, que el quejoso seguramente debe ser un hombre digno, pero el que es Confucio no tiene tiempo para quejarse; tiene demasiado que buscar en el alma.

Y todo se reduce a la distinción fundamental entre lo que está bajo nuestro control y lo que está fuera de él.

El consejo de Epicteto, cuando se siente la tentación de quejarse, es simplemente dar un paso atrás y mirar el panorama general mientras se mantiene un sentimiento de gratitud por todo lo que va bien.

Disfruta de la vida ahora

La vida no siempre es exactamente como queremos que sea, pero hay muchas cosas que se pueden disfrutar si se está preparado para verlas realmente.

La sociedad moderna nos dice que podemos tenerlo todo y que, de hecho, deberíamos tenerlo todo. Hay mucha gente que se ha quedado atrapada en un modo de vida materialista y centrado en el consumo. Todo se puede adquirir, gastar y desechar por algo nuevo.

Los valores estoicos, en cambio, nos enseñan que solo hay unas pocas cosas que merecen nuestra atención y nuestro tiempo. Si las tenemos, la vida puede disfrutarse con aprecio y gratitud.

Aporta calma porque no hay necesidad de perseguir la siguiente y mejor posesión o experiencia.

En el aspecto práctico

El ejercicio estoico del *amor fati*, o amor al destino, fue utilizado por los antiguos maestros para mostrar a sus alumnos lo que significa la satisfacción con el "ahora".

La idea central que hay que captar aquí es la de sacar lo mejor de todo lo que se presenta en el camino. Aurelio decía que el fuego arde con todo lo que se le echa.

Esto significa estar en paz con todas las circunstancias, aceptando que se desarrollan como deben.

Hacer una lista diaria de cosas por las que estar agradecido ayuda mucho a centrar la atención en lo valioso que es el momento presente.

Observar y escuchar con gratitud

Marco Aurelio se amonestaba a menudo a sí mismo para mantener una mente abierta, como un principiante en el estudio del comportamiento humano. Observa el mundo y las personas que te rodean sin ideas preconcebidas.

Aprenderás mucho más con esa actitud atenta. Ten en cuenta la creencia estoica de que todo en el universo es uno. Existe una relación entre los seres humanos y entre éstos y la naturaleza.

Nunca dejes de leer y aplica lo que lees a los acontecimientos de tu vida, así como a tus pensamientos.

Observa en el profundo estado de tranquilidad que solo se consigue con la gratitud.

La práctica de la gratitud

De acuerdo con las enseñanzas estoicas, deberíamos cultivar el hábito de estar agradecidos por todo y por todos los que llegan a nuestras vidas, incluso por los contratiempos, las molestias y los acontecimientos desafortunados.

El hecho de ver tu vida con la perspectiva completa de todo lo que ocurre te mostrará la verdadera interconexión de todo lo que existe.

El impacto de los malos sucesos a veces trae cosas mucho mejores de lo que jamás imaginamos.

- Observa las cosas por las que debes estar agradecido cada día y anótalas en tu diario
- Cuida tu lenguaje y utiliza las palabras de una persona agradecida y feliz cuando hables, no las de un individuo infeliz y amargado
- Practica rituales de gratitud, como dar las gracias antes de comer; no hace falta ser religioso para dar las gracias por los alimentos que vas a consumir, simplemente te hace ser consciente de lo bendecida que es la vida
- Expresa tu agradecimiento con frecuencia a los demás, cuando sea necesario
- Expresa tu gratitud de forma concreta haciendo cosas por los demás
- Observa la belleza de la naturaleza
- Prueba el reto de 21 días de no quejarse

Capítulo 5: Estoicos famosos

Además de los antiguos filósofos que iniciaron y desarrollaron las doctrinas estoicas, muchos otros personajes históricos conocidos de todos los ámbitos de la vida fueron estoicos o se vieron influidos por el pensamiento estoico.

Figuras políticas y militares

Varios presidentes estadounidenses han sido estoicos o han admitido haberse inspirado en los principios estoicos.

George Washington, Thomas Jefferson, Theodore Roosevelt y Franklin D. Roosevelt están en esta lista.

George Washington

Uno de los padres fundadores de Estados Unidos, Washington (1732-1799) era conocido por su excepcional compostura y autodisciplina. No creció de forma acomodada y no tuvo una educación formal, pero fue expuesto al estoicismo por sus amigos y más tarde por su familia política, la familia Fairfax.

Tomó como modelo a Catón, representado en una obra de teatro de 1712 de Joseph Addison titulada *Catón, una tragedia*. Washington asistió a numerosas representaciones de la obra y a menudo citaba líneas de la misma.

Thomas Jefferson

Aunque en los círculos literarios se duda de si Jefferson (1743-1826) era realmente un estoico, o si más bien se inclinaba hacia el epicureísmo, parece que se ablandó hacia el estoicismo en su vida posterior. En 1825, solo un año antes de la muerte de Jefferson, un padre le pidió que diera a su joven hijo algunos consejos para su vida. Jefferson escribió 10 reglas que suenan decididamente estoicas, para el hijo:

"Nunca dejes para mañana lo que puedas hacer hoy.

Nunca molestes a otro por lo que puedes hacer tú mismo.

Nunca gastes tu dinero antes de tenerlo.

Nunca compres lo que no quieres, porque es barato; te resultará caro.

El orgullo nos cuesta más que el hambre, la sed y el frío.

Nunca nos arrepentimos de haber comido poco.

Nada es molesto que hagamos de buena gana.

¡Cuánto dolor nos han costado los males que nunca han ocurrido!

Toma las cosas siempre por su mango suave.

Cuando te enfades, cuenta diez, antes de hablar; si estás muy enfadado, cien".

Theodore Roosevelt

El presidente más joven de la historia de Estados Unidos tuvo que acceder al cargo presidencial cuando aún no tenía 43 años, tras el asesinato del presidente William McKinley en 1901. Se sobrepuso a la mala salud y a sucesos profundamente dolorosos en su vida para convertirse en un formidable presidente.

Roosevelt (1858-1919) era conocido por sus viajes de exploración a territorios salvajes, como un afluente del río Amazonas llamado El Río de la Duda. En todos sus viajes llevaba consigo libros estoicos, como *Los Discursos de Epicteto con el Encheiridion*, y tomaba sus propias notas sobre el contenido.

Franklin D. Roosevelt

El "otro" presidente Roosevelt (1882-1945) fue un icono de la historia, a pesar de haber contraído la polio cuando tenía 39 años. La enfermedad limitaba sus movimientos hasta tal punto que siempre dependía de otros para ciertas cosas y acabó en una silla de ruedas.

Dirigió a Estados Unidos durante la Segunda Guerra Mundial con confianza y serena convicción. Una de sus citas más conocidas es: "Los hombres no son prisioneros de su destino, sino de su propia mente". Esta es la forma en que afrontó su discapacidad, y desempeñó sus funciones con la sabiduría y la paciencia dignas de cualquier estoico.

Vicealmirante de la Marina James B. Stockdale

El vicealmirante Stockdale (1923-2005) se convirtió en piloto militar en 1950. Durante la guerra de Vietnam, tras haber volado ya más de 200 misiones de combate, su avión fue derribado. Se eyectó sobre un pequeño pueblo de Vietnam del Norte y fue capturado por soldados enemigos.

Fue trasladado al tristemente célebre campo de prisioneros de guerra de Hanoi, conocido como el "Hanoi Hilton", donde se le dispensaba un trato brutal con regularidad. Estuvo prisionero durante casi ocho años y fue torturado con frecuencia.

A pesar de haber estado aislado durante cuatro de esos ocho años, y de haber pasado dos años con grilletes, la determinación de Stockdale de enfrentarse a sus captores nunca decayó. También inspiró a los demás prisioneros.

En entrevistas posteriores, Stockdale atribuyó al estoicismo la fortaleza mental, física y emocional que le permitió sobrevivir.

Arnold Schwarzenegger

En un discurso de graduación virtual que Arnold Schwarzenegger (nacido en 1947) dirigió a cada uno de los miembros de la clase de 2020 que no pudieron asistir a sus ceremonias de graduación en persona debido a la pandemia de coronavirus, les dijo: "No se trata de lo que eres en la vida, sino de quién".

También tuiteó antes del discurso: "La vida nunca es perfecta, pero si tienes una visión, encontrarás un camino".

El ex gobernador de California, también actor de gran éxito y ex Mr. Universo, superó muchos obstáculos desde que llegó a Estados Unidos desde su Austria natal a una edad temprana. Sin dinero, se hizo albañil para sobrevivir. Perseveró en el culturismo y ganó el título de Mr. Universo amateur en 1967, otros cuatro títulos de Mr. Universo profesional y luego seis títulos de Mr. Olympia seguidos, de 1970 a 1975.

Citó a Marco Aurelio a los estudiantes que se graduaban para recordarles que lo único que importa es el carácter. Esa es la parte de la vida sobre la que tienes control, no el dinero ni la fama ni el éxito.

Otros estoicos conocidos

Los conocidos autores J. K. Rowling (nacida en 1965), John Steinbeck (1902-1968) y Ralph Waldo Emerson (1803-1882) expresaron su aprecio por los principios del estoicismo.

Rowling dijo en un tuit que Aurelio nunca la había defraudado. Steinbeck mencionó Meditaciones de Aurelio como uno de los dos libros que más influyeron en su vida. Emerson incorporó varias ideas estoicas en sus escritos.

Capítulo 6: Sobre el estoicismo, la ley de atracción y la psicología

Los movimientos, blogs y grupos de autoayuda nunca han sido tan populares en la historia como ahora. A los espiritistas les gusta hablar de la época actual como "el amanecer de la iluminación de la humanidad".

Libros como *El Secreto* y el movimiento de la ley de la atracción han ganado un inmenso número de seguidores en las últimas dos décadas, y no muestra signos de detenerse.

Una de las posibles razones de ello podría ser nuestro mundo en rápida evolución, con todos sus trastornos políticos y tecnológicos, con los que hemos tenido que aprender a lidiar. Enfrentarse a los miedos e inseguridades, sobrevivir emocionalmente indemne al divorcio de los padres, comprender la violencia y la muerte, manejar la presión de la comunicación constante en la era digital... estas cosas no forman parte de un plan de estudios normal.

La psicología moderna utiliza muchos conceptos tomados de los movimientos de autoayuda para conectar con la sociedad moderna en un lenguaje universalmente comprensible.

¿Podría haber un vínculo con el estoicismo en alguna parte?

Ley de la atracción

La frase con la que se ha dado a conocer este sistema de creencias tiene sus raíces en un libro de ocultismo del siglo XIX de Helena

Petrovna Blavatsky titulado La Doctrina Secreta. Blavatsky se basó en antiguos conceptos de las filosofías orientales y el cristianismo para proponer una teoría sobre cómo el poder de los pensamientos da forma a la realidad.

El tema central es la manifestación de los deseos en forma concreta, y la idea realmente despegó en el siglo XX. Durante este periodo se escribieron libros muy conocidos, como la publicación de 1910 *La ciencia de hacerse rico*, de Wallace Delois Wattles, y *Piense y hágase rico*, de Napoleón Hill (1937).

El secreto de Rhonda Byrne, publicado en 2006, se convirtió en la fuente más conocida sobre cómo utilizar la ley de la atracción en beneficio de todos, y no solo de un puñado de los llamados superdotados.

Pensamientos positivos y Premeditatio Malorum

Uno de los conceptos fundamentales de la ley de la atracción (LOA) es mantener solo pensamientos positivos y centrarse en los resultados positivos. El razonamiento detrás de esto es que la energía va donde va el enfoque. Como todo es energía, lo que hace que la energía sea el poder de manifestación según la LOA, los pensamientos y sentimientos negativos persistentes anulan los pensamientos positivos y prohíben la manifestación de cosas buenas.

En la LOA, la preocupación es una gran fuente de energía negativa. Los sentimientos generados por la preocupación son negativos, lo que disminuye la vibración energética de la persona e invita a que se manifiesten las mismas cosas por las que se preocupa.

Si bien la *premeditatio malorum*, o premeditación de los males, no tiene que ver con la manifestación de nada, sí tiene que ver con entrar en un estado mental en el que se puedan realizar acciones positivas.

La *premeditatio malorum* consiste en visualizar las peores cosas que uno puede imaginar que suceden en un contexto específico. Las cosas malas que se visualizan se llevan a su conclusión lógica, que es vivirlas en tu mente, sobreviviendo a ellas y resolviendo los problemas. Eso libera a la mente de las cadenas del estrés y la preocupación porque lo peor que se espera ya ha pasado.

Deja la mente del estoico despejada y libre de emociones negativas, de modo que se puede volver a llevar una vida positiva y virtuosa con convicción.

Cumplir un propósito en la vida

Los estoicos tienen una visión muy definida del propósito de la vida. Destaca el hecho de perseguir la virtud y hacer el bien a los demás con una disposición tranquila y alegre, sin rehuir nunca los deberes.

Se anima a los seguidores de esta filosofía a utilizar sus talentos y habilidades en beneficio propio y de los demás, y a disfrutar de su éxito al hacerlo.

La LOA dice que debemos disfrutar de nuestras vidas mientras aportamos valor a las vidas de los demás. Vivir con un propósito trae vibraciones positivas, que invitan a más éxito y vibraciones positivas.

Vivir de esta manera implica tomar acción, exactamente como dice el estoicismo. Ambos sistemas de creencias anclan las acciones en el *ser* primero, y luego en la acción inspirada. El ser implica sentimientos, que deben ser controlados para mantenerse positivos, según ambos sistemas.

Los estoicos creen que las emociones no se limitan a ser sentidas. También tienen una base racional y de juicio, según Epicteto. Hacemos suposiciones o llegamos a juicios que nos hacen sentir una determinada emoción.

La LOA enseña a sus seguidores que los sentimientos y las emociones surgen de la creencia de que ya tienes lo que quieres manifestar antes de verlo físicamente -una suposición de que el objeto o la situación deseada aparecerá.

La unidad de todo

Tanto en la LOA como en el estoicismo, el universo y todos sus habitantes son uno. La conciencia de esto debería dirigir, entre otras cosas, nuestras acciones hacia nuestros semejantes y la naturaleza.

Hay que recordar que los estoicos pensaban en el Cosmos como un único ser vivo. Por ello, su deber social fue sumamente importante para los estoicos de todas las épocas. Una acción en una parte del Cosmos influirá en todo el universo.

La LOA enseña el mismo principio de unidad, pero su motivación para el concepto es su creencia de que todo es energía pura y nada más. Si estamos hechos de la misma sustancia, deberíamos ser uno. Por lo tanto, una acción hacia una parte del Cosmos puede cambiar todo en el resto del universo.

Mindfulness y gratitud

Estos conceptos juegan un papel central tanto en la LOA como en el estoicismo. Mientras que la mayoría de la gente podría estar más inclinada a aceptar las filosofías orientales como el origen de los conceptos de la LOA como la atención plena, el estoicismo tiene una larga tradición occidental de mindfulness.

La única diferencia radica en su percepción de lo que es mindfulness. Como ya se ha comentado, el mindfulness estoico es una conciencia cognitiva verbal. En la LOA, el énfasis está en la experiencia afectiva del momento presente.

Terapia cognitivo-conductual

La terapia cognitivo-conductual (TCC) es una forma de psicoterapia que ayuda a las personas a observar su propio comportamiento de forma lógica y razonable, para luego identificar los problemas y aplicar soluciones.

De inmediato queda claro que hay puntos en común con el estoicismo. En ambos sistemas, el control se ejerce sobre el carácter mediante el uso de la razón.

Sin embargo, una de las grandes diferencias es el hecho de que la TCC no se ocupa de las consideraciones morales y de una vida floreciente como lo hace el estoicismo.

Transformación

Tanto la TCC como el estoicismo creen que la transformación a través de una modificación cognitiva del comportamiento es esencial para que los seres humanos desarrollen su potencial óptimo. Aunque siguen caminos algo diferentes para llegar a ello debido a su fundamento moral, el resultado es el mismo.

Para los estoicos, la transformación es necesaria por motivos morales universales. En la TCC, el motivo de la transformación depende de la situación de cada cliente. El cliente y el terapeuta deciden cada caso por sus propios méritos, mientras que la transformación estoica ocurre de acuerdo con una visión general del bien y el mal que es válida para toda la humanidad.

Capítulo 7: Reflexiones y meditaciones

Los antiguos estoicos no meditaban en el sentido zen de la palabra, pero tenían frases y conceptos cognitivos sobre los que reflexionaban en un estado similar al de la meditación.

Dichos conceptos están arraigados en la tradición estoica y en el sentido común. Contemplarlos implicaba a menudo llevar un diario.

En este capítulo, habrá algunas de las reflexiones estoicas clásicas que han existido durante siglos, así como una o dos meditaciones guiadas más modernas.

Reflexiones

Los siguientes también se llamaban ejercicios, en lugar de meditaciones.

Reflexión sobre el inicio de la jornada

Experimenta la gratitud por el privilegio de haber despertado a un nuevo día. Deja que el sentimiento de gratitud inunde tu ser y siéntelo plenamente.

Entiende y acepta que se te ha dado una nueva oportunidad para abrazar la virtud. Contempla cada virtud y visualiza situaciones en las que puedes encarnar cada virtud en tus acciones diarias.

Visualiza las posibilidades de hacer el bien a los demás de acuerdo con las virtudes primarias.

Recuérdate a ti mismo que lo único que está bajo tu control son tus emociones y respuestas.

Obtener un poco de perspectiva

Imagínate a ti mismo en lo alto del mundo, mirando a todos y a todo. Puedes empezar tan alto como quieras y acercarte gradualmente a la tierra.

Observa todo lo que ocurre sin juzgarlo. Toma conciencia de la magnitud del mundo y de todas las personas. Reflexiona sobre la diversidad de acciones y emociones que tienen lugar al mismo tiempo, desde el amor y la acogida de un primer bebé, hasta las guerras y la muerte, pasando por los atascos y los artistas que crean obras maestras.

Recuérdate que solo eres una parte minúscula de este universo. Todo es relativo y las cosas que hoy consideras asuntos de vida o muerte podrían olvidarse mañana.

Intenta imaginar este ejercicio en otra época. Ábrete a la idea de que hace unos años no existías y que dentro de otros años dejarás de existir. Todo es relativo.

¿Quién es el ser humano ideal?

Todos tenemos una idea de cómo debe ser el ser humano ideal. Si bien hay rasgos comunes, también hay características que cada persona encuentra deseables según su propia personalidad y preferencias.

En esta reflexión, imagina que estás viendo a tu persona ideal. Deja de lado el aspecto físico por el momento y céntrate en los rasgos psicológicos que posee esa persona.

Tienes la oportunidad de tu vida de hablar con esa persona ideal. Hazle todas las preguntas que pasan por tu mente sobre cómo ser fiel a los principios estoicos y vivir una vida con principios.

Prepara escenas imaginarias y pregunta a tu ser ideal cómo respondería en la situación.

También puedes hacer una lista de modelos de conducta en tu vida y reflexionar profundamente sobre las cualidades de cada uno que admiras. Pregúntate por qué admiras determinados rasgos.

Inspírate para promover el bienestar de los demás

La interpretación popular de la filantropía es que solo los ricos pueden hacerlo. El dinero llega lejos, es cierto, pero no es un requisito para ayudar a los demás seres humanos.

Para esta reflexión, imagina círculos a tu alrededor. Tú estás en el centro y tus seres queridos están en el círculo más cercano a ti. Imagina a personas en los otros círculos, desde aquellos que te importan pero que no son familia, hasta tu comunidad, pasando por personas que solo conoces. Deja que los círculos aumenten hasta que hayas incluido a todas las personas de la tierra en el último círculo.

A continuación, visualiza que tiras de una manta de buena voluntad sobre todos los círculos, encerrándote en medio de ellos.

Encuentra tu paz interior

En lugar de gastar miles de dólares en viajes a montañas remotas y templos austeros, simplemente viaja hacia ti mismo. La libertad y la paz están dentro de ti, y ningún peregrinaje ni ningún viaje solitario y castigado a un país lejano te las proporcionará si no estás dispuesto a viajar a tu propio corazón.

Permanece en silencio durante unos diez minutos y desconecta el mundo y sus sonidos. Observa tus pensamientos mientras vagan por tu mente, sin juzgar ni cuestionar.

Desata los nudos de tensión de tus músculos y disfruta de la paz que hay en la quietud de tu ser.

Pela la cebolla

Las situaciones tienen muchas capas, como una cebolla. Lo que parece por fuera, no es necesariamente lo que es el núcleo.

Reflexiona sobre cualquier situación problemática o desconcertante de tu vida en este momento. Comienza a pelar las capas para llegar al meollo de la cuestión. Escucha lo que dice tu corazón. Toma nota de las capas externas, para comprender lo que hay que desechar.

Pregúntate si la situación añadirá valor a tu vida o a la de otra persona. Si no es así, no merece la pena dedicarle tiempo.

Prepárate para lo peor

Si te preocupa el posible resultado de cualquier situación, reflexiona sobre lo peor que podría pasar. Concédete sentirlo y contempla cómo manejar los problemas. Esta técnica se llama *premeditatio malorum*, o premeditación de los males.

Visualízate disolviendo la crisis y siente el poder personal que emana de ese control.

A menudo, las cosas malas que imaginamos no ocurren. Deja que eso haga que tu lista de agradecimientos sea aún más larga.

Recordar la muerte

Reflexiona sobre el momento fugaz que es la vida de un ser humano en la tierra. Recuérdate a ti mismo que ciertamente terminará.

Piénsalo desapasionadamente, como una parte natural de la creación y de la vida.

Por la mañana, date cuenta de que podría ser tu último día. Por la noche, recuérdate que tal vez no vuelvas a ver el sol.

Acepta el momento presente -y las cosas y personas que hay en él- que te hacen feliz, como regalos que debes agradecer mientras duren.

Termina tu día con una reflexión, tal y como lo empezaste. Haz un balance de tu día. Mide tus pensamientos y acciones con respecto a lo que te propusiste esa mañana.

No te desanimes si no has cumplido tus principios. Repasa mentalmente la situación y escribe una historia diferente esta vez en tu mente.

Si quieres empezar a planificar el día siguiente, tal vez como preparación para la reflexión de la mañana, no dudes en hacerlo.

Meditaciones conscientes

Los primeros estoicos no mencionaban las meditaciones conscientes porque no las utilizaban. Preferían el razonamiento, la actividad cognitiva de las reflexiones. Utilizaban el concepto de conciencia, pero en un contexto diferente.

Las reflexiones son una forma verbal y conceptual de concentrarse, mientras que la meditación, en el sentido tradicional de la palabra, no es verbal. Puede utilizarse para dar forma a nuestras reacciones automáticas, aquellas respuestas que no razonamos primero.

La meditación puede ser un recordatorio para vivir fieles a los valores propios y a las virtudes primarias, o un poderoso empujón en la dirección correcta si los valores correctos aún no se han consolidado.

La meditación consciente también puede utilizarse para romper las cadenas emocionales de respuesta poco saludables. Todos tenemos desencadenantes de deseos y aversiones. Para liberarnos de ellos será necesario soltar los desencadenantes y el valor emocional que les atribuimos.

La ausencia de la meditación consciente en las antiguas prácticas estoicas no significa que no podamos hacer uso de los nuevos conocimientos de que disponemos ahora para el entrenamiento y la concentración del cerebro.

El mindfulness puede describirse como una conciencia sin prejuicios. Es abrirse a percibir todo lo que sucede a nuestro alrededor sin atribuir un valor al pensamiento o a la sensación, ni permitir que el pensamiento o la sensación coloreen nuestra visión del mundo.

La meditación consciente nos permite elevarnos por encima de nuestros pensamientos y emociones para vernos como las creaciones que somos, mucho más grandes que nuestros sentimientos y procesos cognitivos.

Una meditación Mindfulness típica

Aunque el método de meditación puede variar, hay elementos básicos como la creación de un ambiente de calma y relajación. Hay quienes prefieren una música suave de fondo, mientras que otros quieren un silencio total. Tú eliges.

Debes reservar al menos media hora sin distracciones ni obligaciones. Elige el lugar y la posición que te resulten más cómodos.

Si te gusta el aire libre y hace un buen día, puedes salir al exterior. Si es un día frío, una silla cómoda y una alfombra suave frente al fuego pueden ser más adecuadas. Comienza con:

- Respira profundamente varias veces y cierra los ojos
- Vuelve a inspirar profundamente y, al exhalar, siente cómo toda la tensión sale de tu cuerpo con la respiración
- Si eres una persona visualmente orientada, puedes imaginar que ves una nube blanca saliendo de tu boca, conteniendo toda la tensión y el estrés
- Tómate un momento para disfrutar de la cálida y suave sensación de estar relajado
- Disfruta del conocimiento reconfortante de que tienes el control de tus emociones y que, por lo tanto, puedes dejar de lado todas tus preocupaciones y el estrés.
- Reflexiona por un momento sobre el motivo por el que estás meditando. ¿Qué quieres conseguir? ¿Tal vez una comprensión más profunda de un concepto específico? ¿Quizás quieres afianzar una visión de una situación difícil que has tenido recientemente?
- Repite que volverás a meditar fácilmente si se produce alguna distracción.

A partir de este punto, puedes elegir el patrón que seguirá tu meditación. La forma más sencilla de esta actividad es concentrarse en la respiración durante diez minutos. Experimenta cada inhalación y exhalación de forma completa, y saborea la sensación de apertura mental y física debido al oxígeno extra que recibes al respirar profunda y uniformemente. Si tu mente se desvía hacia las tensiones de tu vida mientras meditas, permite que fluyan a través de ti, y envíalas lejos. Si es necesario, visualízalo.

El estado de calma y percepción puede ser útil para planificar el día cuando se hace la meditación por la mañana.

Existen aplicaciones para móviles y programas informáticos que ayudan a la meditación. Si eso te facilita la tarea, úsalos, pero no pierdas de vista la razón por la que quieres meditar: profundizar en tu comprensión y asimilación mental de los principios estoicos. Permita que la meditación le lleve a una experiencia más clara, más consciente y más decidida de la vida y del mundo.

Guías de autoaprendizaje

Sobre el control

¿Comprendo realmente lo que está bajo mi control en una situación concreta y lo que está fuera de él? ¿Tengo claras las cosas que puedo cambiar y a las que debo dedicar esfuerzo, y las que debo dejar en paz y seguir mi camino?

Sobre el equilibrio

¿Hasta qué punto consigo mantener mi equilibrio emocional? ¿Conservo la calma en medio de circunstancias difíciles, o permito que me distraigan de mi propósito? ¿Cuáles son mis desencadenantes emocionales y cómo puedo pensar de forma diferente sobre ellos para evitarlos en el futuro?

Sobre el autoconocimiento

¿Me conozco realmente? ¿Soy lo suficientemente honesto conmigo mismo para ver mis aspectos buenos y malos? ¿Puedo enumerar mis puntos fuertes sin orgullo innecesario, así como mis puntos débiles sin caer en la trampa de la víctima? ¿Cómo puedo convertir mis debilidades en fortalezas?

Sobre el servicio

¿Estoy utilizando mis puntos fuertes en todo su potencial, para cumplir mi propósito de vivir virtuosamente y hacer el bien a los demás? ¿Aprovecho cada oportunidad que se me presenta para prestar un servicio, sin desear el reconocimiento o la recompensa? ¿Soy alguien con quien se puede contar en mi comunidad y en mi país?

Sobre la objetividad

¿Cómo actúo cuando descubro que uno de mis juicios morales es erróneo? ¿Examino mi prejuicio y me alejo de él, o arreglo la verdad para que encaje en mi prejuicio? ¿Soy culpable del sesgo de confirmación?

Los prejuicios, en cualquiera de sus formas, envían los pensamientos y las acciones en direcciones que ya no son objetivas. Si bien es humano tener emociones, la pregunta que hay que hacerse es si se está alerta a la posibilidad de que la emoción pueda nublar el juicio sobre algunos asuntos. La terapia cognitivo-conductual habla del sesgo de confirmación. Se refiere a la tendencia humana a buscar pruebas que apoyen una idea u opinión preconcebida.

Sobre la acción

¿Paso a la acción decisiva tras una reflexión clara, o lo dejo para más tarde o dudo? ¿Intento ser perfecto? ¿Estoy inseguro de mi verdad? ¿Me preocupa lo que dirán los demás si actúo? ¿Temo las consecuencias negativas de seguir mis principios estoicos?

Epicteto advirtió que primero hay que saber quién se quiere ser, y luego hay que hacer. Séneca bromeaba diciendo que lo único que tienen en común los tontos es que siempre se están preparando para vivir, pero nunca lo hacen. Aurelio tenía que recordarse continuamente que debía dejar de estar sin rumbo y hacer todo como si fuera el último día. Primero hay que preguntarse por qué se duda en iniciar la acción.

La terapia cognitivo-conductual se refiere a esto como distorsiones cognitivas. Son patrones de pensamiento perturbadores que van en detrimento del bienestar y la calidad de vida del paciente.

Observa tu vida y tu progreso en el camino de la vida de forma objetiva. Acepta que es un proceso y no un hecho singular. Mientras hayas hecho lo mejor que podías hacer en este día, no habrás eludido tu deber si resulta ser tu último día.

Haz lo que hay que hacer sobre la base de una reflexión serena y una planificación minuciosa. Prioriza tus tareas y márcate objetivos y subobjetivos.

Sobre la practicidad

¿Qué cosas de mi vida puedo descartar pragmáticamente? ¿Hay cosas materiales que deseo pero que en realidad no necesito? ¿Por qué las quiero? ¿Hay relaciones que ya no se ajustan a lo que soy? ¿Por qué sigo en ellas?

Aurelio dijo que si un pepino es amargo, hay que tirarlo. No tiene sentido acumular objetos inútiles.

Reunir objetos para mostrar la riqueza material es contrario a los principios estoicos. Epicteto nos dijo que tomáramos lo justo para cubrir nuestras necesidades físicas y nada más.

El principio del pragmatismo se extiende también a las relaciones y a los patrones de pensamiento. Aquellos que nos impiden, en lugar de ayudarnos a crecer en la virtud, ya no tienen lugar en nuestras vidas y deben ser desechados.

La limpieza regular de la casa y de las emociones renueva la atención sobre las cuatro virtudes primarias y sobre cómo ponerlas en práctica.

Sobre la bondad

¿Me describirían los demás como amable? ¿Soy amable con los demás seres humanos, los animales y la naturaleza? ¿Aprovecho cualquier oportunidad para hacer el bien?

Aunque seas estricto contigo mismo, tu compasión, comprensión y paciencia deben ser para las criaturas que comparten el Cosmos contigo. Todo es uno, creado con la presencia divina. Una vida de bondad honra la unidad del universo.

Sobre la resiliencia

¿Confío en la suerte para conseguir lo que quiero en la vida, o estoy preparado para hacer el trabajo y recorrer el camino pedregoso hacia el jardín que tengo delante? ¿Me permito adoptar patrones de pensamiento negativos? ¿Dejo que las opiniones de los demás me influyan? ¿Conozco bien mis emociones?

Viktor Frankl dijo: "Cuando ya no somos capaces de cambiar una situación, tenemos el reto de cambiarnos a nosotros mismos". Cambiar uno mismo es un camino difícil de seguir. No ocurre de la noche a la mañana, ni se produce sin sacrificios. No obstante, las recompensas en cuanto a paz mental y claridad de pensamiento a lo largo de tu vida, y en cualquier situación, superan las dificultades. Estar preparado para todo significa que siempre estás perfectamente situado para aprovechar las oportunidades hacia la virtud.

No te desvíes del camino elegido permitiendo que situaciones externas que no puedes controlar desvíen tu atención. Vigila tus emociones para que tampoco puedan hacer descarrilar tu capacidad de recuperación. No permitas que la opinión de otras personas menos informadas te influya.

Los pensamientos depresivos y la ansiedad son a menudo el resultado de imaginar un futuro que tiene pocas posibilidades de realizarse. Controla tu inclinación a proyectar sentimientos negativos sobre un futuro que solo existe en tu mente. Sé fuerte en tus convicciones y recoge las recompensas de paz y felicidad.

Capítulo 8: Una semana con los estoicos

Las enseñanzas estoicas son más que un conjunto de reglas. Están concebidas como una filosofía que proporciona una manera de vivir. Contiene una guía práctica para navegar por los acontecimientos cotidianos.

Desarrollar la mentalidad adecuada para vivir según estos principios es una tarea de toda la vida que los estoicos se propusieron. Hacer lo mismo en nuestra sociedad moderna puede aportar equilibrio emocional y paz en un mundo donde estas cualidades son escasas.

Empezar cada mañana con una de las reflexiones clásicas de los estoicos marcará el tono de tu día y guiará tus pensamientos en situaciones difíciles.

A continuación se presenta un ejemplo de cómo se pueden hacer prácticas las meditaciones matutinas. Escoge las tuyas propias y elabóralas, tanto si las citas son de escritos clásicos como de colecciones estoicas modernas.

Una cita para el lunes

La mayoría de la gente teme los lunes por la mañana. Salir de la cama para ir a trabajar, especialmente en una mañana de invierno, nunca ha sido fácil.

Incluso alguien tan dedicado al estoicismo como el emperador Marco Aurelio lo experimentó, y escribió sobre ello en sus *Meditaciones*.

"En esas mañanas en las que te cuesta levantarte, ten presente este pensamiento: estoy despertando al trabajo de un ser humano. ¿Por qué entonces me molesta que vaya a hacer aquello para lo que estoy hecho, las mismas cosas para las que fui puesto en este mundo? ¿O es que fui hecho para esto, para acurrucarme bajo las sábanas y mantenerme caliente?".

Todos tenemos un trabajo que hacer y para eso hemos nacido en esta existencia, y en este periodo concreto de la historia de la Tierra. La humanidad está experimentando desafíos excepcionales en la política, las relaciones interpersonales y la salud. Cada uno de nosotros tiene un deber en esta historia, un papel que desempeñar para el bien de todos. Recuerda que las buenas acciones de una abeja benefician a toda la colmena.

En un mundo desgarrado por dificultades como las tensiones raciales, los abusos de los derechos humanos, la pobreza extrema, el hambre y el desempleo, se necesita más que nunca una cabeza equilibrada con un corazón generoso.

Haz caso a las palabras de Aurelio y comienza tu semana con la clara intención de hacer tu trabajo.

Levántate, vístete y preséntate.

Una cita para el martes

Vivir fiel a los principios estoicos te permite distinguir entre las cosas que realmente deben y tienen importancia y las que no merecen tu atención.

Todo lo que no se ajusta a las cuatro virtudes cardinales es una pérdida de tiempo y debe evitarse. A veces, es necesario hacer una selección despiadada para despojar la vida de actividades sin sentido.

Séneca escribió en *Sobre la brevedad de la vida*: "Cuántas veces has malgastado tu vida cuando no eras consciente de lo que perdías, cuánto se ha desperdiciado en penas inútiles, en alegrías insensatas, en deseos codiciosos y en diversiones sociales; qué poco de lo tuyo te ha quedado. Te darás cuenta de que estás muriendo antes de tiempo".

Decir no a alguien es lo más difícil para algunas personas. Sin embargo, a veces es necesario para liberar la mente y la agenda del desorden que impide que la verdad brille.

Antes de aceptar la próxima obligación o invitación, mídela con las cuatro virtudes principales. ¿Hacer la actividad que se espera de ti promoverá una vida virtuosa y contribuirá al bienestar de todos los que te rodean?

Si no es así, ya sabes qué hacer.

Una cita para el miércoles

No todas las personas con las que te encuentres hoy serán amistosas, serviciales o amables. Tu día podría traer experiencias de dolor o injusticia. Prepárate para ello y vive tus principios a pesar de todo.

Aurelio escribió en Meditaciones: "Cuando te levantes por la mañana, dite a ti mismo: Voy a encontrarme con entrometidos, ingratos, ególatras, mentirosos, envidiosos y chiflados. Todos ellos están afectados por estas aflicciones porque no conocen la diferencia entre el bien y el mal. Porque he comprendido la belleza del bien y la fealdad del mal, sé que estos malhechores siguen siendo afines a mí... y que ninguno puede hacerme daño, ni implicarme en la fealdad, ni puedo enfadarme con mis parientes ni odiarlos. Porque estamos hechos para la cooperación".

El estoicismo no espera que empieces el día con una nota negativa. En ocasiones, a pesar de nuestras mejores intenciones y acciones, las cosas, por desgracia, se tuercen, y nada sale como se supone que debería salir. Aurelio nos dice que estemos preparados para cuando las cosas se salgan de madre, y que no nos pille desprevenidos.

Fíjate en la segunda parte de la cita de Aurelio. Es la forma estoica de aceptar que las personas difieren en opiniones y puntos de vista. La unidad también puede existir en la diversidad. Aunque estés preparado para que te traten mal, tu actitud hacia esas personas debe seguir siendo de aceptación y comprensión.

No dejes que estos sucesos te enturbien el día ni hagan tambalear tu decisión de vivir una vida virtuosa.

Una cita para el jueves

En todas partes, en casi todas las casas y oficinas, se oye a la gente quejarse de que tiene muy poco tiempo para hacer lo que tiene que hacer en un día. Muchas personas mayores se lamentan de haber corrido de tarea en tarea, sin detenerse lo suficiente para disfrutar de las personas y las actividades que eran realmente importantes para ellos.

Séneca nos enseñó: "No es que tengamos poco tiempo para vivir, sino que desperdiciamos mucho de él. La vida es suficientemente larga, y se nos ha dado una cantidad suficientemente generosa para los más altos logros si se invirtiera bien... La vida es larga si se sabe utilizar".

El tiempo en la tierra es un recurso finito y, sin embargo, se despilfarra con facilidad. Utiliza tu diario para prestar atención a todas las instancias de un día en las que utilizaste tu tiempo en algo que no tenía ningún valor real, según los principios estoicos.

Optimiza bien tu tiempo planificando con antelación y ciñéndote a esos planes. También en este caso, llevar un diario es una forma excelente de planificar el día con antelación y hacer un balance de cómo lo has cumplido al final de la jornada.

Combate la procrastinación incorporando a tus planes recompensas a corto plazo. Controla las distracciones y distingue entre el ajetreo sin sentido y la acción productiva.

Ten en cuenta el *memento mori*: Piensa en la muerte. Hoy podría ser tu último día, aprovéchalo bien.

Una cita para el viernes

¿Es el perfeccionismo uno de los demonios que corroen la felicidad en tu vida?

Considera la siguiente cita de Epicteto: "No busques que todo lo que se produzca sea como tú quieres, sino desea que todo lo que se produzca sea tal cual, y entonces tendrás una vida tranquila y feliz".

A menudo se acusa a los estoicos de ser fatalistas. El término conlleva una cualidad negativa y morbosa que nunca fue la intención de los antiguos filósofos estoicos.

El estoicismo es determinista, lo que significa que creen que todo se desarrolla como debería. Fue predeterminado por el Fuego Divino y eso es bueno y correcto.

No obstante, tener una creencia determinista no es paralizante. Todo depende de si ves que hacer el bien es un objetivo digno de perseguir.

Recuerda la discusión del lunes y confírmate a ti mismo que la única medida que tienes para vivir, es si estás viviendo una vida virtuosa. El perfeccionismo no es alcanzable, solo lo es el progreso.

Exigirte a ti mismo unos estándares irreales que el Cosmos nunca pretendió, solo conduce a la infelicidad. La preocupación te impide centrarte en hacer lo que se supone que debes hacer.

Además, tu percepción de lo que es perfecto no es la misma que la de tu vecino. Aunque alcances lo que tú consideras perfecto, siempre habrá alguien que vea que se puede mejorar.

Utiliza tu práctica del diario para planificar tan a fondo como puedas, y hazte responsable al final del día de los progresos realizados.

Sé feliz en tus esfuerzos por hacer lo correcto, y vivirás feliz y dormirás tranquilo.

Una cita para el sábado

Escúchate a ti mismo; presta atención a las palabras que utilizas a menudo. ¿Te sorprendes a ti mismo diciendo que *tienes* que hacer algo?

Hoy Epicteto te dice: "La enfermedad es un impedimento para el cuerpo, pero no para la elección, a menos que la elección lo quiera. La cojera es un impedimento para la pierna, pero no para la elección. Y dite a ti mismo lo mismo con respecto a todo lo que te sucede; porque verás que actúa como un impedimento para otra cosa, pero no para ti".

Epicteto fue esclavo de un amo brutal. Fue tratado cruelmente, incluso para los estándares antiguos. Un día su amo le rompió la pierna y Epicteto caminó cojeando el resto de su vida.

No dejó que eso le amargara ni le hiciera desistir del camino filosófico que había elegido. Siguió convencido de su verdad y se convirtió en uno de los mayores maestros estoicos de la historia.

Siempre tienes una opción, en todo. Hay muy pocas cosas en la vida que realmente deban hacerse sin dejar una opción. Hablar y pensar como alguien que está aprisionado por las circunstancias, te cambia de una persona libre a una víctima.

En lugar de eso, cambia tus conversaciones para que contengan "tengo que" o "quiero", mientras mantienes un corazón feliz y una disposición tranquila sobre las oportunidades que se te presentan cada día.

Tú tienes el control de tus emociones y pensamientos. Usa tu poder sabiamente.

Una cita para el domingo

Ha sido una semana larga y es hora de hacer una pausa y reflexionar sobre los últimos siete días. Después de las constantes prisas y el ruido, muchas personas tratan de escapar.

Escapar puede adoptar varias formas, desde una escapada física hasta perderse en actividades o sustancias.

El consejo de Aurelius sobre el tema fue: "La gente intenta alejarse de todo, al campo, a la playa, a la montaña. Uno siempre desea poder hacerlo también. Lo cual es una idiotez: puedes alejarte de todo cuando quieras. Entrando en tu interior. Ningún lugar al que puedas ir es más tranquilo -más libre de interrupciones- que tu propia alma".

No hay mejor lugar para reflexionar sobre aspectos importantes de la vida y de la filosofía que sumergirse tranquilamente en tus propios pensamientos.

Capítulo 9: Glosario de términos

La siguiente tabla contiene las palabras griegas que se utilizan en este libro, como referencia práctica de un vistazo. Los equivalentes en español proporcionan los significados que los estoicos dieron a las palabras griegas, en lugar de ser meras traducciones literales.

Palabra(s) griega(s) o latina(s)	Transcripción fonética	El equivalente inglés en el contexto estoico
ανδρεία	*andreia*	valor
ἀπάθεια	*apatheia*	tranquilidad; serenidad
δικαιοσύνη	*dikaiosune*	justicia
εὐδαιμονία	*eudaimonia*	bienestar; un estado floreciente
φύσις	*fusis*	la psique; la naturaleza
ὁρμή	*hormê*	un impulso positivo
λόγος	*logos*	el principio de ordenación y razonamiento en el Cosmos
οἰκείωσις	*oikeiosis*	conciencia de sí mismo
ὄρεξις	*orexis*	deseo; anhelo

πνεῦμα	*pneuma*	espíritu; aliento de vida; creado por la combinación de los elementos de fuego y aire
προαίρεσις	*prohairesis*	libre albedrío; asentimiento a las impresiones
προαίρεσις	*prokopê*	progreso en el camino hacia la sabiduría
προσοχή	*prosochê*	atención; atención estoica
ψυχή	*psychê*	alma; un principio para vivir
σοφός	*sophos*	sabiduría
σωφροσύνη	*sophrosyne*	moderación
συγκατάθεσις	*sunkatathesis*	asentimiento; acuerdo
συμπάθεια	*sympatheia*	interdependencia de todas las cosas
τέχνη	*technê*	la aplicación práctica del conocimiento estoico
premeditatio malorum		premeditación de los males
memento mori		recuerdo de los muertos

Conclusión

En algunos aspectos, el estoicismo estaba, para su época, muy adelantado. Quizás por eso sus principios perduran en el tiempo, incluso hoy.

Hace siglos abogaba por una sociedad mundial y una conciencia cósmica. Consideraba que todos los seres humanos eran iguales y tenían derecho a un trato justo.

Advirtió contra la mentalidad consumista que se ha apoderado de la sociedad y la ética modernas, y subrayó la importancia de las cualidades morales por encima de la riqueza material y el estatus.

Los estoicos aceptaban que la vida sucede y hay que aprender a estar en paz con ella. La filosofía enseñaba a sus seguidores a cambiar lo que puede cambiarse y a dejar el resto sin alterarse por ello.

Esta filosofía destacaba la importancia de la naturaleza y la interconexión de todas las cosas. Esta idea del efecto mariposa era popular en la antigua Grecia y Roma mucho antes de que las sociedades modernas concibieran la idea.

Espero que hayas disfrutado aprendiendo sobre el estoicismo y el poder de sus filosofías. Sigue adelante y utiliza la sabiduría que ofrece este sistema de creencias en tu beneficio, pero también en beneficio y mejora de la humanidad y del planeta.

Milton Keynes UK
Ingram Content Group UK Ltd.
UKHW010330010224
437068UK00004B/72